FSC
www.fsc.org
MIX
Paperi vastuullisista lähteistä
Paper from responsible sources
FSC® C105338

Viimeinen muuttolintu
Maŋimuš bárbmoloddi

Tämän kirjan runoista on sävelletty lauluja neliääniselle kuorolle.

Nuotit löytyvät QR-koodin osoittamalta nettisivulta Dropbox-palvelusta.

Viimeinen muuttolintu

runoja vuodenajoista ja yksinäisyydestä

Jyri Tynkkynen

Maŋimuš bárbmoloddi

divttat jagiáiggiid ja oktovuođa birra

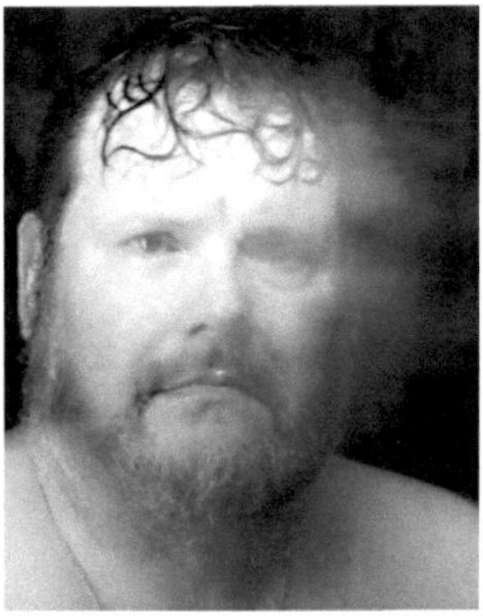

Photo: Michael Marnin Jacobs

Teksti:	© 2025 Jyri Tynkkynen, 2. painos
Kustantaja:	BoD · Books on Demand, Mannerheimintie 12 B, 00100 Helsinki, bod@bod.fi
Valmistaja:	Libri Plureos GmbH, Friedensallee 273, 22763 Hampuri, Saksa
ISBN:	978-952-80-8498-3
Kannen kuva:	www.pxhere.com / CC0
Kannen tausta:	www.pxhere.com / Tanaka Juuyoh (田中十洋)
Fontti:	Constantia, **Sitka**

Kiitokset – Giitu:

Ánne Sire Länsman
Ritva Torikka
Sirpa Mänty
Veikko Holmberg
Davvi Girji O/S
Sámi kulturráđđi

Omistettu – Oamastuvvon:

W.J.G.
N.A.V.

Alkusanat

Nämä runot on kirjoitettu alun perin pohjoissaameksi 1990-luvun alussa. Jostain syystä silloin tuntui luontevalta kirjoittaa näitä hyvin henkilökohtaisia tekstejä vieraalla kielellä, jota tuolloin opiskelin. Niiden kirjoittaminen oli minulle kuin tutkimusmatka – tutkimusmatka niin runoon, saamen kieleen, kielen rytmiin kuin itseenikin.

Norjalainen Davvi Girji O/S julkaisi saamenkieliset runot vuonna 1998 nimellä *Maŋimuš Bárbmoloddi*. Olen kääntänyt ne suomeksi 2000-luvun alussa, ja samalla niitä on hieman uudistettu.

Näissä runoissa vuorotellaan 2- ja 3-jakoisilla rytmeillä vähän samaan tapaan kuin pohjoissaamelaisissa joiuissa. Kääntäessäni runoja yritin ensi sijassa säilyttää niiden sisäisen rytmin. Tosin joissakin yksittäistapauksissa esimerkiksi saamenkielisen runon 2+3-rytmi ei vain suostunut kääntymään suomeksi muutoin kuin muodossa 3+4.

Vaikutteita tähän teokseen olen saanut luonnollisesti saamelaisesta kulttuuripiiristä mutta myös japanilaisista haikuista sekä keskisuomalaisen *Einari Vuorelan* myöhäisemmästä tuotannosta.

Runoihin on varmasti vaikuttanut myös Bosnian sota, joka riehui iljettävimmillään juuri niiden syntyaikoihin.

Ovdasánit

Dát divttat riegádedje oanehis bottas 1990-logu álgogeahčen. Daid čállin lei munnje dego dutkanmátki – dutkanmátki sihke diktii, gillii, máibmái ja alccesan.

Mun in goassege geahččalan čállit maidege "sámedivttaid", muhto muhtun árvitmeahttun siva dihte mus dalle orui leamen lunddolaš čállit davvisámegillii ja moadde jagi maŋŋel dat nákca fáhkkestaga nogai (ášši man mun in veláge áibbas máhte čilget).

Dát sámegiel divttat leat almmuhuvvon Norggas Sámi kulturráđi doarjagiin (Davvi Girji O/S, 1998, ISBN 82-7374-375-6).

Kirjoitan runon
kuin ladun
maailmaani

kutsun sinut
kulkemaan
hämmästymään
ihmettelemään

Mun čálán divtta
luotta
iežan máilbmái

bures boahtin
jođašit
imaštallat
imaštuvvat

sade kuin samettia

I

arvi dego sameahtta

Älä uniin minua päästä
yölläkään

taivas nyt yllä
syvää, loistavaa

voi, kuuletko
ei milloinkaan
näin rauhaisaa

Dán ija mu ale beasat
nieguide

albminai badjin
alit, válljugas

vuoi, guldal
ii mihkkege
ná ráfálaš

Lähtisitkö mukaani
soutamaan
lämpimiin aaltoihin
taivaantäyden kuun hohteisiin
pilvettömän yön lempeään syliin

Hás it muinna vuolgge
suhkat
liekkus báruide
láđas mánu šlietnjagii
jalahas ija láđis sallii

Sinirintana liitää
runoni kieli
kahleita vailla

kehrää auringon kiitää
kulkijan mieli
laulajan lailla

Bihčosiin friddja seivvoda
dál jurdagan
allagasas

beaivváža rieggá luoittaša
johtti miellan
lávlu luottas

Tule vähän lähemmäksi

en kuule
sydäntäsi

Boađe lagabužžii

in gula
du váimmu

Kesäyössä linnut sirkuttavat
tuulen suhinassa

hiljaa, varoen

ja vain vainajat valvovat
hämärässä kuuntelemassa

Geasseijas lottit civket
biekka šuvas

suolggaid, váraid

beare jámežat gohcet
veaiggis guldaleame

Ikivanha asuinpaikka
hiljentynyt, hylätty
muistot vaienneet
menneet elämät

keskipäivän tuulenvire silti
pihaheiniä
heinänkorsia
hulmauttelee

Áigahaš orohat
jávohuvvan, bálkásan
muittut jaskkodan
ellon eallimat

gaskabeai'jiella liikká
šilljosuinniid
suoidnečalmmiid
šlivggastallá

Istuskelen pienen puron rannassa
kuuntelemassa sen muisteluksia
tarinoita elämästä
sanattomasta taistelusta
kaipauksesta
odotuksista, odottamisesta
voitoista
tappioista
toivosta

me kyllä ymmärrämme toisiamme
minä ja puro
puro ja minä
purominä

Čohkkádan unna jogaža gáttis
guldaladdame dan muitalusaid
máidnasiid eallima birra
sánehis dáistaleamis
háliidusas
vuordagiin, vuordimis
vuoittuin
dáhpain
doaivvus

moai gal gulahalle
moai jogain
johka ja mun
johkamun

Mielellään pitäisi silmänsä kiinni
ettei näkisi

mutta niin menettäisin perhosen liitelyn
kukkakedon poikki

Millosit doalašin čalmmiidan gitta
vai in oainnáše

muhto de massášin beaivelotti girdima
geassegietti rastá

Öinen verho laskeutuu
sade on kuin samettia
lukemattomia
pikku pisaroita

missä lienet?
sinua tarvitsen niin
nyt

Ija govččas luoitáda
arvi dego sameahtta
lohkameahttun
unna čalmmážat

gos leaččat?
mun dárbbašan du
dál

Meren syliin
tuhansiin kimalteleviin aaltoihin
lepoon, rauhaan
hiljaisuuteen

mennyt
lähtenyt
kiiruhtanut

ollakseen
löytääkseen
palatakseen

Meara sallii
duháhiid šelges báruid sisa
muossái, ráfái
jasketvuhtii

mannan
vuolgán
viehkalan

orrut
gávdnat
máhcadit

Lainaa vain on elämämme
ilon, onnen kerkeä matka
kukkaketo, kyyneltarha
surujemme synkkä satama

Dušše luoikkas lea ealliman
ilu, lihku hobis mátki
rássegieddi, ganjalgárdi
morrašiiddán goalus hámman

Minä yritin pyytää
anteeksi
minä kyllä yritin
mutten löytänyt sanoja

niin se varmaan on
helpompi antaa kuin anoa

Mun geahččalin átnut
ándagassii
mun gal geahččalin
muhto in gávdnan sániid

nu dat fal gártá
álkit addit go átnut

Unissa
olen vapaa

unissani

ja mikä syntyy siinä maailmassa
ei ole muiden pilattavissa

Nieguinan
lean friddja

nieguiguin

ja mii šaddá dien máilmmis
eai sáhte rihpat

Mistä sinut ansaitsen?
alati tuntuu, etten
tarjoa kuin pettymyksiä
silti minua hylkää et
hymyäni vain muistelet

en varmasti koskaan sitä
lakkaa ihmettelemästä

In gal du ánssášivčče
muhtumin orru leame
in fála go beahttašumiid
goit bisut dás, dajat
ahte don beroštat

in goassege heitteš
mun daid imašteames

Vuosituhannet
liian lyhyet
pikku hetkinen
ikuisuuden pituinen

yrittää selittää
niin yksinkertaista asiaa

Duhátjahki
ilá oanehaš
unna bottaš
menddo guhkki

geahččalit cealkit
ná ovttageardásaš ášši

Sadat
tuhannet
miljoonat vuodet
seissyt paikallaan
hievahtamatta

uskollisesti

Čuđiid
duháhiid
miljovnnaid jagiid
čužžon sajistis
sparggetkeahttá

oskkáldasat

Kuljemme nopeasti
mihinkään pääsemättä

olen taas alkamassa
siitä mistä aina aloitan

uudelleen
yhä vain uudestaan

Johtaleame johtilit
jođikeahttá gosage

álggaheame
gos lean álot álggahan

ođđasis
vuot ain ođđasit

Miksi en voisi seisahtaa
hengähtää
katsella vain
sitä minkä ohi kiiruhdan

Manne in sáhte čuoččahit
bosihit
geahčadit buot
man meattá lean doapmame

Mitä enemmän yritän
eteenpäin
sitä varmemmin pysyn paikallani

ja kun en pyri mihinkään
alankin edetä

Mađi eanet iskkan
ovddos guvlui
dađi sihkkareappot bisun sajistan

ja go in fikka gosage
ovdánišgoađán

Vapauden
suloiset kahleet
kiristyvät

kutsuen, houkuttaen

Friddjavuođa
sulolaš ruovddit
čavget

gohču, hohkahemiin

Voima sisälläni
sisimmässäni
kertoo kyllä
oikean tien

Fápmu siste
siskkimusas
bagada gal
njuolggos geainnu

Mutta mehän rakastimme toisiamme
olivatko kaikki lupaukset vain tyhjiä kuoria
ihastuksemme kuin kesän lämpö
loppumassa

miten kestän taas uuden talven, kaamoksen
ilman sinua
aivan liian lyhyen kesän jälkeen

Muhto moaihan ráhkisteimme goabbat
guoibmáme
ledjego buot lohpádusat aivve duššši garat
iežame eahccin dego geasi lieggasat
nohkame

movt ceavzzán vuot ođđa dálvvi, skápma
du haga
áibbas menddo oanehis gease maŋŋel

halki syksyn kirjoman maan

II

rastá čavčča herven eatnama

Aurinko laskee
hiipivät varjot
kylän ylle

hämärän ovi ohjaa
illasta yöhön
rajalle

Beaivváš luoitá
suoivanat ravget
dáluid ala

gearpmus uksa doalvu
eahkedis idjii
rádjái

Seuranani tuuli
yksinäinen, uskollinen

viima, puhuri, myrsky

talven alkuhenkäykset
poikki syksyn kirjoman maan

Fárustan biegga
oktonas, oskkáldas

ruvaš, vaššu, riđđu

dálvve álgovuoiŋŋanas
rastá čavčča herven eatnama

He valehtelivat elämästä
eivät kertoneet veren hajusta
eivätkä varoittaneet
kylmistä hallaöistä

mutta nyt silmäni ovat avautuneet
olen oppinut katsomaan
näkemään
tuntemaan
ymmärtämään

Sii gielistedje eallima ala
eai muitalan vara lievllas
eai várren
galbma suoldneijain

muhto dál leaba mu čalmmiidan rahpasan
lean oahppan geahččat
oaidnit
dovdat
ipmirdit

Hirvi kumartuu
lähteen yläpuolelle
juomaan

ja rikkoo
taivaan peilin
kuvajaisen

ei tunnu vielä
lähestyvä talvi
kaamos

Ealga njahká
gáldu bajábeallai
jugastit

ja billista
almmi speadjala
oaivvi

ii vuhtto vel
boahtti dálvi
skábma

Syksyn tuoreet lehdet
liukkaina jalkakäytävillä
värikkäinä
kirjavina raanuina

lyhenevät päivät
pimenevät illat
muuttavat silti
kadut kovin harmaiksi
äänet kaikuisiksi
ihmiset oudoiksi

Čavčča vuosttaš lasttat
njivllasin váccáhaga alde
ivdnájin
girjjat rátnun

oadnu beaivvit
sevnnjodeaddji eahkedat
ožžot liikká
gáhtaid šaddat ránisin
jienaid gáddjájin
olbmuid amasin

Tumma metsälampi
jäätymäisillänsä
viimeinen muuttolintu
availee siipiänsä

hiljaa, niin hiljaa
vieno tuuli vainen
kaukaa tulossa
kauas kulkemassa

kaunista kuin ennen kuolemaa

Čáhppes jeaggejávrráš
galbmomiiddis alde
maŋimuš bárbmolottiin
sojiid leppohallame

jaskat, nu jaskat
beare loaččes biegga
guhkkin boahtime
guhkás johtaleame

čáppat go ovdal jápmin

Viima puhaltaa lävitseni

luoksesi sinun
kuljettaa
sieluni

Ruvaš bossu mu čađa

jođiha sillon
dáin guovlluin
du lusa

Kulkee mukanani
hiustesi tuoksu
mikä
kuitenkin huuhtoutuu
vähitellen ilmaan

yhä vaikeampi
elävöittää piirteitäsi

Guottán mielddán
vuovttaidat hája
mii
goit doidása
dađistaga eret

ain váddáseabbo
ealáskahttit sárgosiiddát

Niin kevyesti hengitän
kirpeää ilmaa

luoksesi lennähdän

Nu geahppadit vuoiŋŋadan
sávrres áimmu

lusat girdilan

Runoa kolme
piirrän rakkaalleni

lämpimäksi lauluksi yhden
toisen yönmustaksi silkiksi
ja kolmannen

hyvästeiksi

Golbma divtta
čálán ráhkkásasan

liekkus lávllan ovtta
nuppi čáhppes silkin, idjan
ja goalmmáda

earrodearvvuohtan

Kauan sua kaipasin
ennen kuin muistin
että emme kuulu toisillemme

Ohpit du ohcalin
ovdalgo muiten
aht'ean gula goabbat guoibmáseame

En rohjennut
en osannut
en kyennyt

en

vaikkakin niin
olisin halunnut
uskaltaa

In arvan
in máhttán
in sáhttán

in

vaikko goit
leaččan háliidan
arvat

Loppu lähestyy
käänne
välttämättömyys
uusi alku
kutsu

Loahppa lahkona
gohčus
jorggáldat
ođđa álgu
gohččun

Kahlaan vetisessä heinikossa
lumihangessa
työnnyn läpi läpikäymättömän metsän
läpi elämän

elämän halki

Gállit čáhcesuoinni siste
muovlladit
bahkket čađa čalgatmeahttun mehciid
čađa eallin

eallin geažus

Kova kalliokin
hiertyy tomuksi

miten minä pystyisin kestämään
yhtään sen paremmin?

Garra bávttitnai
šaddet gavjan

movt mun sáhtášin ceavzit
vehåge buorebut?

Raskasta olisi elää
vastarakkaudettomana

unettomana
uneksimatta
ei voisi
kuvitellakaan

Lossat eallit
vuosteráhkisvuođa haga

niegu haga
niegatkeahttá
ii sáhteš
jurdilitge

Niin viimein pääsit kotiin
maailmalta
isiesi seuduille

olit ollut poissa
kovin pitkään
enää ketään et tuntenut

itseäsikään

(Omistettu Grey Wolfille – Oamastuvvon Grey Wolfii)

De viimmat besset ruoktot
ruovttoluotta
iežat álgoguovlluide

ležžet leamaš eret
guhkáláhkai
it đovdan šat ovttage

iežatge

No, täällä olen
Pohjolan taivaan alla
eikä minulla
kuin unia
lupauksia

jotainhan toki
enemmän
odotin

Na, dál mun lean
davvealmmi vuolde
eaige mus leat
go niegut
vuordagat

juogahan gal
buoret
galggai

Kun laulu viimeinen
on laulettu

runo kirjoitettu

on aika sanoa
hyvästi, ystäväinen

Go visot lávlagat
leat lávlojuvvon

divttat čállon

lea dilli cealkit
báhcet dearvan, ustibat

tulkoon pimeys!

III

šaddos seavdnjat!

Ja lopussa Jumalan henki
kulki vesien päällä
ja maa oli jälleen
autio ja tyhjä

ja Jumala sanoi:
tulkoon pimeys!

ja pimeys tuli

Ja loahpas Ipmila vuoigŋa
jođii eatnama alde
ja eanan lei vuot
ávdin ja guorus

ja Ipmil logai:
šaddos seavdnjat!

ja seavdnjat šattai

Vanha toive
hallita luonto
voittaa maailma

ja ihmettelevät joka kerta
kun eivät onnistu

Boares vuordda
hálddašit luonddu
stivret máilmmi

ja imaštallet juohke geardde
go eai lihkostuva

Kasvoista peilin
näkivät
tekivät
loivat
jumalansa
jumalkuvansa

Iežaset govvan
duddjojit
ráhkadit
olbmot
ipmileaset
ipmiliiddiset

Tuli
ainut puhdas
puhdistaja

tulen
puhtaana
puhdistajana
tuleen

Dolla
áidnu buhtis
buhtisteaddji

dollan
buhtisin
buhtistahkisin
dollii

Sydämeni
miksi kylmenit?

minä en tunne enää
en tunne enää laisinkaan
en laisinkaan
enää

Váibmon, váibmon
manin leat muhtton?

mun in dovdda šat
in dovdda šat maidege
in maidege
šat

Paljon
maailma on velkaa sinulle
sinä tahdot kaiken
minkä ansaitset

ken sen lupasi, kysyn
kuka allekirjoitti sopimuksen?

Cealkkát
eallin lea eahpevuoiggalaš
dutnje gullá eanet
leat ánssášan

gii dan lohpidii, jearan
geainna šiehtadusa vuolláičállet?

Osta taivas
vuokraa, myy, pilaa

ei jaksa enää
hämmästyttää
se yhtäkään

Oastte almmi
vuovdde dien, riba

in veaje šat
imaštallat
in maidege

Vanhus hauras
joutui kokemaan sen
tahtomattaan
mitä

usko nyt ei kukaan

Lean juo boaris
almmá siđakeahttá
olu oaidnán
áššiid

oktage ii jáhkeš

Vanhat muistot taakse jääneitä
nyt tuskin näkee, kuulee
menneitä virheitä

voimme - ei, vaadimme!
tehdä itse
omat erheemme

sodan
hädän
kuoleman

Boares meattáhusat nu guhkkin
daid váttis oaidnit, jáhkkit
vuorrasiid máidnasiin

sihtat - ii, gáibidit!
dahkat ieža
iežamet feaillaid

soađi
heađi
jápmima

Taas sen huomasin
tunnistin
kuin muuttolintu
pakko lähteä
matkaan
muille seuduille

matkaan
mihin vain
kunhan menen

Fas dan fuobmájin
dovdájin
lean bárbmoolmmoš
galggan mátkái
johtui
buoret guovlluide

johtui
eret
gosa beare

Hopeisissa hohteissa
kuun kuljen
hukassa
ja eksyneenä

mutta en voinut
jäädäkään

Mánu silbašlietnjagiin
johtime
endoris
ulbmila haga

muhto in sáhttán
báhcitge

Lieskat tuliset nousevat
tähtiin asti
uniin taivaan keinuttavat

voi, kun tässä olisit
kanssain lämmittelisit

Dollanjuokčamat
loktanit almmi rádjái
násttiid vuhttot nahkáriidda

vuoi, go livččet dás
muinna báitaleame

Lumi peitti äänet
tuuli kaiken ympäröi
kun lähdit

enkä tiedä
palaatko koskaan takaisin

lumisade
silmänkokoiset kiteet
alas vaipuvat

Muohtti gokčá jienaid
hieibma čuovvu du fárus
go manat

inge dieđe
boađežatgo ruovttoluotta

muohtti
rápmásturrosaš čalmmit
gulul luoitadit

Neito
neitonen
neitoseni

mihin kiiruhdat?

maailma on niin
iso paikka
ei siellä lie
kultaa ei rauhaa

(Omistettu Elle Ristenille – Oamastuvvon Elle Ristenii)

Nieida
nieiddaš
nieiddažan

gosa don manat?

máilbmi lea nu
stuorra báiki
ii doppe leat
golli ii ráfi

Tiedätkö ystävä

poimin juuri
kuivaa puuta

meille tulen
lämpimän
rakennan

Dieđátgo ustiban

čoggen aiddo
goike ovssiid

daiguin dolla
liekkasin
munnuide

Tarkkaan kun kuuntelee
saattaako kuulla menneisyyden äänen
lorut lasten muinaisten

paikalla tällä, aivan hiirenhiljaa
laulua, itkua, tarinaa
väreillen viipyilee

kunnes vuo tuulen
täyttää hiljaisuuden
haihtuvat muistot väreilevät
tuulenvireen alle peittyvät
naurut naisten, miesten muinaisten

Guldal dál dárkilit
dáiddátgo gullat mannanáiggi jiena
dološ olbmuid gávdnasat
dán báikki alde vuollegaččat, almma
ságat, čierrun, lávlagat
áimmus ain ádjánit

muhto de njeađgga
devddii jaskavuođa
de jávke muittuid dávástusat
láhppojedje láhppon máilmmit
dološ olbmuid gáiddus gávdnasat

Lumikiteet soivat nyt kuin pienet tiukuset
pakkasöiden hiljaista
sinfoniaa

tuvan
täyttää pelkkä kevyt hengitys

Muohtačalmmit čudjet dego unna divggažat
gahčadettiin buolašin
stobu seainnis
ihkku
siste dušše litna vuoiŋŋahat

Ken sen tietää

kesän alkuun lie
liian kauan

Mas dan diehtá

geasset soaitá leat
menddo maŋŋit

Taas tunnenkin sen taakan

kaikk' tuntuu romahtavan
vanhat synnit
nousevat mieleen

mutta sitten muistan
kuinka niin paljosta
saan olla
kiitollinen aivan

Movt orruge dál leame

buot orru heavvaneame
boares suttut
badjánit millii

jaskes boddu okto
iehčanan, iežainan
ja oaččun
jaskatvuođas vuoimmi

Lunta sataa jo toista päivää
hiljaa laskeutuvat
lähettiläät puhtauden

ja niin kaikki verhoutuukin
puhtaaksi, valkoiseen
en osaisi kuvitella
mitään ihanampaa

lunta, yhä vain lunta
kinos kasvaa
eikö tuo milloinkaan lopu?

Muohtašeame juo nuppi beaivve
jaska luoitádeame
buhtisvuođa áirasat

ja movt visot čájehage
buhtisin, vielgadin
in sáhtáše govahallat
čábbát oainnáhusa

muohtti, duojážii muohtti
skálvvit gassot
iigo dát goassege noga?

Serkkuni!

murhe polttaa niin kovin
sua lohduttaisin mutta
itse myöskin
kyynelsumuun kuljen

Vilbeallán!

moraš buollá du siste
de háliidivččen jeđđet
muhto iešge
ganjalskoattus jođán

Häpy
häpeä
hävettävä
hävennyt
hävetetty
hämillisestä
häpeämätön

Heahpat
heahpadat
heahpatlaččat
heahpanan
heahppášuhttán
heahpanahkkásis
heahpatmeahttumin

Niin olen väsynyt
en jaksa selittää
mitään
itsestään selvää

Mun lean nu váiban
in nagot šat hupmat
čilget
diehttelas áššiid

siipisulat suhisevat

IV

soadjedolggit šuvaidit

Kevätpäivä sulattaa
lumirinteet ja
purojen heleä ääni
täyttää ajatukset

ja vaikk' teenkin työtä
mietin
koska saamme nähdä
linnut

linnut

Giđđabeaivváš suddada
ceavvevilttiid ja
ádjagiid čuodjalis jienat
devdet jurdagiiddán

mun gal iskkan bargat
muhto
oppa áigge vuorddán
lottiid

lottiid

Kaksin poikaset peuhaavat
purollaan
kasvoillaan ilmeet niin huolettomat

mitä itkupilleistä
viel' jonakin päivänä tullee?

toivot, toivehet
sydämissään heräävät
mutta suovat elämät
tiet toisenlaiset

Guovttá gánddažat stoahkame
láddožiin
oadjebas geahčastat muođuineaskka

čierrát, unna divddožat
mii dudnosnai muhtumin šaddá?

doaivu, doaivagat
boahttevaččа birra
muhto eallin čájeha
goit nuppe láhkái

Siipisulat laulavat
omia laulujaan
joutsen kun taas liitää
tänne
kylmille rannoille

valkee joutsen, musta joutsen
elon lintu
sanantuoja

Soadjedolggit šuvaidit
iežaset lávlagiid
njuvččaid girddidettiin
deike
bárohis gáttiide

vilges njukča, čáhppes njukča
eallinloddi
sátnebukti

Kukat peittävät
joka vaaranrinteen

muistot ja
menneisyyden

Rásit gokčet buot
juohke várrevieltti

muittuidnai
mannanáiggi

Hämärän hetki
liikkeetön, murheinen

öiset linnut
äänet
lohduttavat

Seavnnjáš
dollestan, morašlaš

ija lottit
jienat
jeđđehahttit

Nojaan mäntyyn
hyväilee hellä
tuuli hiuksiain

olen nuori taas
silmät ne sun
muistan

hymyn ja naurunkin

miten hellästi, tuuli
hyväilet muistojain

Mieiggan beahcái
litnásit njávká
biegga vuovttaidan

lean nuorra vuot
muittán dus daid
čalmmiid

moji ja gávdnasiid

movt njávkkatge, biegga
litnásit muittuidan

Voi kun sua voisinkin
sylissäin
pitää, suojella
hyväksi kaiken
tehdä, varjella
rakkaani

voi kun aina voisinkin

Vuoi go du sáhtášin
salastan
doaladit, suddjet
buot álot buorrin
dáhkidit, ráđđet
ráhkkásan

vuoi go beare sáhtášin

Koivun lehden lailla
samaa tahtia
kasvaa kaipaus

ruskan kai näen
ennen kuin tapaamme

Soagi lasttaidládje
šaddá ahkidan
ovtta dávttas

ruškki oinnežan
ovdal go gávnnade

Miten sua kaipaankaan
sitä et tiedä

et varmaan
aavistakaan

Movt du áibbašan
don it dieđe

it oppa
ávašteašge

En tahdo elämältä paljon

nähdä auringon
tuntea tuulen kasvoillani

ja, ken tietää, sinut viereeni
lähelle
minut joikaamaan

In hálit eallimis olu

oaidnit beaivváža
dovdat biekka muođuinan

ja, gii diehtá, du báldasan
lahka
juoigat mu

Tuulen suhinassa sinut tapasin
etkä halunnut sanoa nimeäsi

mutta tuulen suhina
kuljetti nimeäsi mukanaan
kuiskasi sen korvaani
yhä uudestaan

vielä pitkään
kun olit jo lähtenyt

Biekka šuvas deiven du
itge dáhtton namat iktit

muhto biekka šuvva
guttii du nama
savkkástalai dan beljiidasan
ain ođđasis

vel guhká
go ledjet juo vuolgán

Kuuletko kuinka kevät taas koittaa?
pisamatkin kasvoillasi
innokkaina ottamaan vastaan
tulevaisuuden
suudelmien
lämmön

hei, nyt juhlitaan!
juopa pikarisi pohjaan asti

Gulatgo movt giđđa de šaddá?
čáihmmitnai muođuinat
gearggusin vuostáiváldit
boahtteáiggi
cummáid
lieggasa

hei, de ávvudetne!
jugas cearkkát gitta bodnái